I0199429

Novena

SAN CRISTÓBAL

Por Laila Pita

© Calli Casa Editorial, 2012
Yhacar Trust, 2021
Todos los derechos registrados. Prohibida la reproducción total o parcial de esta obra en todo su contenido: texto, dibujos, ideas e ilustraciones de portada, sin autorización por escrito.

◆

www.solonovenas.com
#2500-793

CORAZÓN RENOVADO

UN POCO DE HISTORIA

San Cristóbal es festejado el 10 de julio. No se sabe con exactitud dónde nació, se cree que pudo ser en Tiro o Sidón. Su nombre era Relicto, Ofero o Réprobus (réprobo, malvado), era horroroso, con rostro de perro y una fuerza descomunal. Quería estar al servicio de un amo digno de fuerza. Fue con el rey Felipe de Licia, pero un día lo vio temblar por miedo al demonio, Relicto dijo que si el demonio era más fuerte le serviría a él. Buscó a Satanás, un brujo lo acompañó, cuando se toparon con una cruz el brujo tembló y dijo que temía al que murió en ella, entonces Relicto dijo que serviría al de la cruz porque era más poderoso. Buscó a Jesús, alguien le informó que fuera al otro lado del río y encontraría a la persona correcta. Se dedicó a cargar personas para cruzar el

2

río. Un día cruzó a un niño sobre sus hombros que pesaba muchísimo, cuando preguntó el niño dijo: "peso más que el mundo entero, porque cargo con todos sus pecados, Yo soy quién buscabas". Desde ahora te llamarás "Cristóbal", que significa "el que lleva a Cristo". Cristóbal recibió el bautismo de manos del patriarca Babilas en la Basílica de Antioquía.

MILAGRO

En la ciudad de México, Enrique Arias con alma de explorador, fue a visitar el barrio de San Cristóbal para ver la pequeña capilla, después quiso conocer el bosque de Nativitas, pero la calle se fue estrechando y volviendo fea y desvencijada, no había salida, decidió regresar y se vio frente a una jauría de perros furiosos y amenazantes. Le pidió ayuda a San Cristóbal. En eso, un perro blanco distinto a los otros, muy tranquilo, se acercó y los demás se calmaron misteriosamente. Así pudo salir de ahí sin peligro alguno. Después de esta experiencia se ha dedicado a dar testimonio del milagro recibido.

4

ORACIÓN DIARIA

San Cristóbal idolatrado a Cristo has ayudado a cruzar el río. Enfrentaste gran desafío. Te dedico esta novena para pedirte que uses tu fuerza descomunal, para que protejas mi camino de accidente, persona o animal. Santo Señor sé tú mi navío y mi gran compañero en un lugar baldío. Tú que dominas los perros con tu fuerza brutal, tienes el corazón tierno como un rosal. Esta petición con mi amor te envío, para que me ayudes a caminar por el mundo con brío.

HAGA SU PETICIÓN

Aquí estoy hincado a tus pies. Con la luz de tus quinqués que no tienen comparación alumbra a este humilde feligrés que viene a hacerte esta petición.

Te ruego con todo mi corazón me concedas... (Se hace la petición)

Esto es un asunto de interés te suplico tu atención me des. Concédeme lo que te pido en esta ocasión y con tu divina protección me ayudes, para que seas tú siempre mi salvación.

Padre Nuestro, que estás en el cielo, santificado sea tu nombre; venga a nosotros tu reino; hágase tu voluntad, en la tierra como en el cielo. Danos hoy nuestro pan de cada día; perdona nuestras ofensas, como también nosotros

6

perdonamos a los que nos ofenden; no nos dejes caer en la tentación, y líbranos del mal. Amén.

Dios te salve, María, llena eres de gracia, el Señor es contigo. Bendita tú eres entre todas las mujeres, y bendito es el fruto de tu vientre: Jesús. Santa María, Madre de Dios, ruega por nosotros, pecadores, ahora y en la hora de nuestra muerte. Amén.

Gloria al Padre, al Hijo y al Espíritu Santo. Como era en el principio, ahora y siempre, por los siglos de los siglos. Amén.

DÍA PRIMERO

San Cristóbal poderoso, señor de gran cuerpo musculoso, protégeme para que yo viaje seguro con el lucero del amanecer y al final del camino mis proyectos puedan florecer. Divino Santo usa tu fuerza para quitarme del sendero peligroso y dispersa la bruma con tu poder milagroso. Señor manténme seguro hasta el anochecer. Sé que lo que te pido amado Señor me lo vas a conceder, porque tienes un corazón grandioso y con todos has sido bueno y generoso. Reverenciado Cristóbal bendito fuiste al nacer.

Padre Nuestro, que estás en el cielo, santificado sea tu nombre; venga a nosotros tu reino; hágase tu voluntad, en la tierra como en el cielo. Danos hoy nuestro pan de cada día; perdona nuestras ofensas, como también nosotros

8

perdonamos a los que nos ofenden; no nos dejes caer en la tentación, y líbranos del mal. Amén.

Dios te salve, María, llena eres de gracia, el Señor es contigo. Bendita tú eres entre todas las mujeres, y bendito es el fruto de tu vientre: Jesús. Santa María, Madre de Dios, ruega por nosotros, pecadores, ahora y en la hora de nuestra muerte. Amén.

Gloria al Padre, al Hijo y al Espíritu Santo. Como era en el principio, ahora y siempre, por los siglos de los siglos. Amén.

DÍA SEGUNDO

Bendito San Cristóbal tú eres amor y verdad, con todos ejerces tu Sagrada caridad. Señor mío alúmbrame para que mi camino esté protegido con la luz de las mañanas. Reverenciado Señor dame esa claridad bondadosa con que los días bañas. Señor de celestial brillo te voy a venerar por toda la eternidad. Te ofrezco esta oración con sinceridad. Vuelve a mí tus ojos y tu sonrisa dulce como el azúcar de las verdes cañas. Teje a mí alrededor una red de protección como el de las trabajadoras arañas.

Padre Nuestro, que estás en el cielo, santificado sea tu nombre; venga a nosotros tu reino; hágase tu voluntad, en la tierra como en el cielo. Danos hoy nuestro pan de cada día; perdona nuestras ofensas, como también nosotros

perdonamos a los que nos ofenden; no nos dejes caer en la tentación, y líbranos del mal. Amén.

Dios te salve, María, llena eres de gracia, el Señor es contigo. Bendita tú eres entre todas las mujeres, y bendito es el fruto de tu vientre: Jesús. Santa María, Madre de Dios, ruega por nosotros, pecadores, ahora y en la hora de nuestra muerte. Amén.

Gloria al Padre, al Hijo y al Espíritu Santo. Como era en el principio, ahora y siempre, por los siglos de los siglos. Amén.

DÍA TERCERO

Amado Señor de brillante luz de amor, dirige a mí tu fulgor, para que en las sombras de la noche mi camino esté protegido. Te entrego esta novena con cariño, para por tu bendición ser escogido. Permíteme llegar con bien guiado por tu maravilloso resplandor. Te suplico me des tu protección poderoso Señor. No permitas que en el viaje por ningún accidente me vea afligido. Radiante alma de compasión, mi corazón a ti te ha elegido, para que seas mi lumbrera con tu poder ungido.

Padre Nuestro, que estás en el cielo, santificado sea tu nombre; venga a nosotros tu reino; hágase tu voluntad, en la tierra como en el cielo. Danos hoy nuestro pan de cada día; perdona nuestras ofensas, como también nosotros perdonamos a los que nos

12

ofenden; no nos dejes caer en la tentación, y líbranos del mal. Amén.

Dios te salve, María, llena eres de gracia, el Señor es contigo. Bendita tú eres entre todas las mujeres, y bendito es el fruto de tu vientre: Jesús. Santa María, Madre de Dios, ruega por nosotros, pecadores, ahora y en la hora de nuestra muerte. Amén.

Gloria al Padre, al Hijo y al Espíritu Santo. Como era en el principio, ahora y siempre, por los siglos de los siglos. Amén.

DÍA CUARTO

Reverenciado Cristóbal digno de mil coronas, adorado por millones de personas. Dame tu protección para que viaje seguro cuando el sol se pone al atardecer, permite que mi travesía sea realizada con placer. Señor Bendito haz que lleguen a mí vibras buenas. Que de tu divina luz las tardes estén llenas. Eterno San Cristóbal haz tu fortaleza florecer. Tu sagrada caridad nunca dejes de ejercer. Hombre de luz dorada como las suaves arenas, dame en mi viaje libertad y rompe las cadenas que puedan mi trayecto entorpecer.

Padre Nuestro, que estás en el cielo, santificado sea tu nombre; venga a nosotros tu reino; hágase tu voluntad, en la tierra como en el cielo. Danos hoy nuestro pan de cada día; perdona nuestras ofensas, como también nosotros perdonamos a los que nos ofenden; no nos dejes caer en la tentación, y líbranos del mal. Amén.

Dios te salve, María, llena eres de gracia, el Señor es contigo. Bendita tú eres entre todas las mujeres, y bendito es el fruto de tu vientre: Jesús. Santa María, Madre de Dios, ruega por nosotros, pecadores, ahora y en la hora de nuestra muerte. Amén.

Gloria al Padre, al Hijo y al Espíritu Santo. Como era en el principio, ahora y siempre, por los siglos de los siglos. Amén.

DÍA QUINTO

Luz verdadera en cielo y tierra, eterna lumbrera. Tú das protección y amor con tu fuerza de aliento. Ven conmigo amado Señor, para que yo viaje seguro con lluvia, con sol, nieve o viento. Atiende a mi llamado Divino Cristóbal y ayúdame a tener paciencia y no andar a la carrera, para llegar con bien como buena persona viajera. Recibir tu luminosa bendición me llena de contento. Sé que me ayudarás sin ningún miramiento. Te dedico esta novena y ante ti me inclino para implorarte te mantengas a mi cabecera.

Padre Nuestro, que estás en el cielo, santificado sea tu nombre; venga a nosotros tu reino; hágase tu voluntad, en la tierra como en el cielo. Danos hoy nuestro pan de cada día; perdona nuestras ofensas, como también nosotros

16

perdonamos a los que nos ofenden; no nos dejes caer en la tentación, y líbranos del mal. Amén.

Dios te salve, María, llena eres de gracia, el Señor es contigo. Bendita tú eres entre todas las mujeres, y bendito es el fruto de tu vientre: Jesús. Santa María, Madre de Dios, ruega por nosotros, pecadores, ahora y en la hora de nuestra muerte. Amén.

Gloria al Padre, al Hijo y al Espíritu Santo. Como era en el principio, ahora y siempre, por los siglos de los siglos. Amén.

DÍA SEXTO

Divino San Cristóbal para hacer caridad tienes alma guerrera. De todos los senderos quitas la barrera, alumbrando con tu rayo cristalino. Por ti el pajarillo entona su dulce trino. Dame tu protección desde tu vidriera. Cárgame en tus hombros Sagrada Lumbrera. San Cristóbal comparte conmigo tu vivificante vino, como lo hizo con sus apóstoles el Sagrado Rabino. Santísimo San Cristóbal bendito seas en toda era, mi alma de tu amor quiere ser heredera.

Padre Nuestro, que estás en el cielo, santificado sea tu nombre; venga a nosotros tu reino; hágase tu voluntad, en la tierra como en el cielo. Danos hoy nuestro pan de cada día; perdona nuestras ofensas, como también nosotros perdonamos a los que nos ofenden; no nos dejes caer en la tentación, y líbranos del mal. Amén.

Dios te salve, María, llena eres de gracia, el Señor es contigo. Bendita tú eres entre todas las mujeres, y bendito es el fruto de tu vientre: Jesús. Santa María, Madre de Dios, ruega por nosotros, pecadores, ahora y en la hora de nuestra muerte. Amén.

Gloria al Padre, al Hijo y al Espíritu Santo. Como era en el principio, ahora y siempre, por los siglos de los siglos. Amén.

DÍA SÉPTIMO

Reverenciado San Cristóbal, coloso de corazón bondadoso, en tu rostro lucen unos ojos de mirar hermoso. Te ofrendo esta novena con todo mi amor, para pedirte me protejas y también estén seguros los que conmigo viajan. Siembra los caminos de tu luz para difuminar las sombras que engañan. Señor mío tu poder es asombroso, cobíjame con tu manto maravilloso. Libérame de las sombras que me acosan. Señor mil guirnaldas te engalanan. Bendito seas por tu proceder generoso. Alabado Señor me inclino a besar tu pie precioso.

Padre Nuestro, que estás en el cielo, santificado sea tu nombre; venga a nosotros tu reino; hágase tu voluntad, en la tierra como en el cielo. Danos hoy nuestro pan de cada día; perdona nuestras ofensas,

20

como también nosotros perdonamos a los que nos ofenden; no nos dejes caer en la tentación, y líbranos del mal. Amén.

Dios te salve, María, llena eres de gracia, el Señor es contigo. Bendita tú eres entre todas las mujeres, y bendito es el fruto de tu vientre: Jesús. Santa María, Madre de Dios, ruega por nosotros, pecadores, ahora y en la hora de nuestra muerte. Amén.

Gloria al Padre, al Hijo y al Espíritu Santo. Como era en el principio, ahora y siempre, por los siglos de los siglos. Amén.

DÍA OCTAVO

San Cristóbal dominaste perros furiosos y dragones, con tus poderosos dones. Por tu asombrosa fuerza y tu deseo de servir eres conocido. Llévame en tus hombros para que mi persona y mi vehículo siempre estén protegidos Santo querido. Manténte cerca de mí gran Señor, no me abandones. Que en el cielo te veas colmado de galardones por tu infinita bondad que das a todos los que te lo han pedido. Escucha mi llamado y acude presuroso Santo Reverenciado por tu gran fortaleza fuiste por Cristo bendecido.

Padre Nuestro, que estás en el cielo, santificado sea tu nombre; venga a nosotros tu reino; hágase tu voluntad, en la tierra como en el cielo. Danos hoy nuestro pan de cada día; perdona nuestras ofensas, como también nosotros

22

perdonamos a los que nos ofenden; no nos dejes caer en la tentación, y líbranos del mal. Amén.

Dios te salve, María, llena eres de gracia, el Señor es contigo. Bendita tú eres entre todas las mujeres, y bendito es el fruto de tu vientre: Jesús. Santa María, Madre de Dios, ruega por nosotros, pecadores, ahora y en la hora de nuestra muerte. Amén.

Gloria al Padre, al Hijo y al Espíritu Santo. Como era en el principio, ahora y siempre, por los siglos de los siglos. Amén.

DÍA NOVENO

Adorado San Cristóbal te ofrezco esta novena con el corazón en la mano, porque sé que tú ayudas al amigo y al hermano. Te ruego Señor que me des tu protección y que si hubiera un obstáculo seas tú quién me ayude a superarlo y todo el mal que se presente puedas tú apartarlo. Te imploro Divino Titán hagas mi camino llano. Fuiste dotado con un poder sobrehumano, Adorado Cristóbal con nada podría compararlo. Ampárame Señor te lo pide este hombre de corazón gitano.

Padre Nuestro, que estás en el cielo, santificado sea tu nombre; venga a nosotros tu reino; hágase tu voluntad, en la tierra como en el cielo. Danos hoy nuestro pan de cada día; perdona nuestras ofensas, como también nosotros perdonamos a los que nos ofenden; no nos dejes caer en la tentación, y líbranos del mal. Amén.

Dios te salve, María, llena eres de gracia, el Señor es contigo. Bendita tú eres entre todas las mujeres, y bendito es el fruto de tu vientre: Jesús. Santa María, Madre de Dios, ruega por nosotros, pecadores, ahora y en la hora de nuestra muerte. Amén.

Gloria al Padre, al Hijo y al Espíritu Santo. Como era en el principio, ahora y siempre, por los siglos de los siglos. Amén.

ORACIÓN FINAL

Reverenciado San Cristóbal hoy te vengo a rezar, para que con tu gran poder el camino seguro me ayudes a encontrar. ¡Oh! Mi gran Señor dame tu protección, para que en mi transitar en esta tierra pase sin preocupación. Estoy seguro Cristóbal Bendito, que del peligro me vas a librar, por eso te ruego por medio de esta novena ven conmigo a caminar. Divino Señor tienes más fuerza que un dragón, pero para hacer el bien tuviste la visión y del mal te pudiste apartar.

Padre Nuestro, que estás en el cielo, santificado sea tu nombre; venga a nosotros tu reino; hágase tu voluntad, en la tierra como en el cielo. Danos hoy nuestro pan de cada día; perdona nuestras ofensas, como también nosotros perdonamos a los que nos ofenden; no nos dejes caer en la tentación, y líbranos del mal. Amén.

Dios te salve, María, llena eres de gracia, el Señor es contigo. Bendita tú eres entre todas las mujeres, y bendito es el fruto de tu vientre: Jesús. Santa María, Madre de Dios, ruega por nosotros, pecadores, ahora y en la hora de nuestra muerte. Amén.

Gloria al Padre, al Hijo y al Espíritu Santo. Como era en el principio, ahora y siempre, por los siglos de los siglos. Amén.

Papá Dios: que tu sabiduría nos guíe; que tu luz ilumine nuestro camino; que tu amor nos de paz; que tu poder nos proteja, y que por donde quiera que caminemos, tu presencia nos acompañe. Gracias Papá Dios que ya nos oíste. Amén.

www.ingramcontent.com/pod-product-compliance
Lightning Source LLC
Chambersburg PA
CBHW070635150426
42811CB00050B/308